Die Autorin

Louise L. Hay begann ihre Arbeit, als sie bei der Selbstheilung ihrer eigenen Krebserkrankung erfuhr, welche Bedeutung eine positive Lebenseinstellung für den Heilungsprozess haben kann. Ihre ersten Bücher stellten in den achtziger Jahren eine Revolution für das Selbstverständnis von Aids- und anderen Schwerstkranken dar. Seitdem hat sie mit ihrer Methode der positiven Selbstbeeinflussung mehr als 50 Millionen Menschen in über 30 Ländern der Welt geholfen. Um ihr Werk ist mit Hay House ein eigener Verlag entstanden, der heute in den USA zu den wichtigsten Vorreitern alternativer Gesundheitslehren und eines neuen humanen Umgangs mit menschlichen Problemen gehört. Ihr Name wurde zum Synonym für die Aktivierung von Selbstheilungskräften zur Unterstützung jeder ärztlichen Therapie. Sie lebt in Kalifornien.

Von Louise L. Hay sind in unserem Hause
als Taschenbuch erschienen:
*Gesundheit für Körper und Seele · Balance für Körper und Seele*
*Wahre Kraft kommt von Innen · Die Kraft einer Frau*
*Die innere Ruhe finden · Du bist dein Heiler!*
*Das Leben lieben · Du selbst bist die Antwort*
*Das große Buch der wahren Kraft · Das große Buch der heilenden Gedanken · Gute Gedanken für jeden Tag*

als farbig illustrierte Geschenkausgaben:
*Gesundheit für Körper und Seele · Meditationen für Körper und Seele*
*Licht für Körper und Seele*

als Karten-Decks:
*Körper und Seele · Glück und Weisheit*
*Jeden Tag gut drauf · Du bist dein Heiler! – Karten*

als CDs bei Allegria Hörbuch Hamburg:
*Du bist dein Heiler!*
*Liebe statt Angst*

LOUISE L. HAY

# Hoffnung für jeden Tag

*Positive Gedanken*
*für den Jahresverlauf*

Aus dem Amerikanischen übertragen
von Thomas Görden

Ullstein

Besuchen Sie uns im Internet:
www.ullstein-taschenbuch.de

Ullstein Esoterik
Herausgegeben von Michael Görden

Aus dem Amerikanischen von Thomas Görden
Titel der Originalausgabe
LOVING THOUGHTS FOR LOVING YOURSELF
erschienen bei Hay House, Inc., Carlsbad, California, USA.

Umwelthinweis:
Dieses Buch wurde auf chlor- und säurefreiem Papier gedruckt.

Vollständige Sonderausgabe im Ullstein Taschenbuch
Oktober 2005

Umschlaggestaltung: FranklDesign, München
Titelabbildung: Ulrike M. Bürger, München
Gesetzt aus der Palatino bei LVD GmbH, Berlin
Druck und Bindearbeiten: Ebner & Spiegel, Ulm
Printed in Germany
ISBN-13: 978-3-548-74269-4
ISBN-10: 3-548-74269-6

*Was wir das ganze Jahr über nicht vergessen sollten:*

Jeder von uns ist zu hundert Prozent selbst verantwortlich für jede seiner Erfahrungen.

Jeder Gedanke, den wir denken, gestaltet unsere Zukunft.
Macht ist in jedem Moment allgegenwärtig.
Jeder leidet an Selbst-Hass und -Schuld.

Der Gedanke eines jeden lautet:
»Ich bin nicht gut genug.«
Es ist nur der Gedanke
und ein Gedanke kann verändert werden.
Verdruss, Kritik und Schuld sind die
am stärksten schadenden
Verhaltensmuster.

Eine Selbst-Befreiung von Verdruss
wird sogar Krebs heilen.
Wenn wir uns wirklich selbst lieben,
funktioniert alles
in unserem Leben.

Wir müssen uns von der Vergangenheit
lösen und jedem vergeben.

Wir müssen bereit sein,
anfangen zu lernen,
uns selbst zu lieben.

Selbst-Bejahung und
Selbst-Anerkennung im Jetzt
sind der Schlüssel
zu positiven Veränderungen.

Wir selber verursachen
jede so genannte »Krankheit«
in unserem Körper.

In der Unendlichkeit des Lebens,
dort wo ich bin, ist alles vollkommen,
ganz und vollständig und trotzdem
befindet sich das Leben immer
in Veränderung.

Es gibt keinen Anfang und kein Ende,
nur einen beständigen Kreislauf
und ein Wiederkehren von Materie
und Erfahrungen.

Das Leben ist niemals festgefahren,
statisch oder aufgebraucht,
denn jeder Moment ist immer neu
und taufrisch.

Ich bin eins mit derjenigen Macht,
die mich geschaffen hat, und diese Macht
hat mir die Kraft gegeben,
meine Lebensumstände selbst zu gestalten.
Ich erfreue mich an der Erkenntnis,
die Macht über meinen Geist zu haben,
ihn auf jede Art, die ich wähle,
zu benutzen.

Jeder Augenblick des Lebens
ist ein neuer Anfangspunkt, an dem wir
das Alte verlassen. Dieser Augenblick
ist genau hier und genau jetzt ein neuer
Anfangspunkt für mich.
Alles ist gut angelegt in meiner Welt.

*Affirmationen*
*für die Wochen des Jahres*

*Ich öffne mich für alle Chancen und Freuden, die das neue Jahr mir bringt. Voller Liebe und Verständnis löse ich mich von der Vergangenheit. Vor mir öffnen sich die Tore der Zukunft und ich durchschreite sie mit Kraft, Optimismus und Entschlossenheit. Ich vertraue mich ganz dem Lauf des Lebens an und weiß, dass ich auf allen meinen Wegen sicher geführt werde.*

## *Worte der Hoffnung*

Vor mir liegt ein neues Jahr und eine neue Chance, mich selbst so zu akzeptieren und wertzuschätzen, wie ich bin.

## *Worte der Liebe*

Ich bin offen und empfangsbereit für alle heilenden Energien des Universums. Ich weiß, dass jede Zelle meines Körpers intelligent ist und sich selbst zu heilen vermag.

2. WOCHE

*Ich heiße das Neue in meinem Leben willkommen und löse mich von Altem, Überlebtem. Ich weiß, dass sich alles in ständiger Veränderung befindet, und akzeptiere den Wandel als normalen und natürlichen Teil meines Lebens. In dieser Woche nehme ich mir vor, die Wunder dieser Jahreszeit angemessen zu würdigen und die Welt mit den Augen eines Kindes zu sehen. Alles ist neu, alles ist frisch. Hoffnung und Optimismus erfüllen mich.*

## *Worte der Hoffnung*

Der Kraftpunkt liegt immer in der Gegenwart. Ich beginne – jetzt sofort – damit, neue Horizonte für mich zu erschaffen.

## *Worte der Liebe*

Ich kritisiere mich selbst von nun an nicht mehr. Ich gebe stets mein Bestes. Ich liebe und beschütze mich jederzeit.

*Ich gehe einer wunderbaren Zukunft entgegen. Von Woche zu Woche komme ich meinem neuen Selbst ein Stück näher. Meine höhere Kraft verleiht mir genügend Stehvermögen, um jeder neuen Herausforderung gewachsen zu sein. Liebevoll segne ich das, was hinter mir liegt, atme tief durch und strebe neuen Zielen zu.*

## *Worte der Hoffnung*

Ich habe immer genau das richtige Alter.
In jeder Lebensphase erwarten mich
neue Lektionen und
neue Entwicklungschancen.

## *Worte der Liebe*

Ich genieße es, mich einfach
und gesund zu ernähren.
Nahrungsmittel, die meinem Körper
gut tun, schmecken köstlich.

*Ich bin stark! Ich habe eine Kraft in mir,
die es mir ermöglicht, ein reiches, erfülltes
Leben zu führen. Ich bin mit zahlreichen
Talenten und Gaben gesegnet und es ist
mein Recht, ihnen auf schöne und schöpferische
Weise Ausdruck zu verleihen.
Jeder Tag ist eine neue Gelegenheit, all das
Wunderbare zu entdecken, das in mir steckt.
Ich schenke der Welt meine Talente und
von allen Seiten strömt mir Erfolg zu.
Ich verdiene es, das Leben zu führen, von dem
ich immer geträumt habe.*

## *Worte der Hoffnung*

Wenn ein Problem auftaucht,
sage ich mir sofort: »Aus dieser Situation
wird nur Gutes entstehen.
Alles regelt sich zum Wohle
der Beteiligten.«

## *Worte der Liebe*

Ich bin ein wunderbarer Mensch
und verdiene viel Liebe und
Wertschätzung.

# 5. WOCHE

*In dieser Woche umhülle ich meine Familie mit einem Mantel der Liebe – die, die leben, und die, die von uns gegangen sind. Ich bejahe und affirmiere wunderbare, harmonische gemeinsame Erlebnisse, die für uns alle auf einer tiefen Ebene sinnerfüllt sind. Ich empfinde es als großen Segen, Teil jenes zeitlosen Gewebes aus bedingungsloser Liebe zu sein, das uns alle miteinander verknüpft.*

## *Worte der Hoffnung*

Jeden Morgen erwache ich
mit einem Lächeln auf den Lippen,
im sicheren Wissen, dass mich
eine wunderbare Zukunft erwartet.
Ich zeige mich dankbar für alles,
was das Leben mir schenkt.

## *Worte der Liebe*

Ich umgebe mich von jetzt an
mit Freunden und Verwandten,
deren Liebe, Ermutigung und positive
Energie mein Leben bereichern.

6. WOCHE

*Auch wenn draußen*
*der kalte Winterwind weht, ist meine*
*Herzensmitte stets warm und fließt über*
*vor Liebe. So wie wir Wärme bei kalter*
*Witterung ganz besonders zu schätzen wissen,*
*so empfinden wir Liebe gerade in Zeiten*
*des Wandels als besonders wohltuend.*
*Ich öffne mein Herz und lasse*
*die Liebe fließen.*

## *Worte der Hoffnung*

Ich weiß, dass ich meine Glaubenssätze
jederzeit verändern kann.
Ich bin nicht an alte Ideen und
Denkweisen gefesselt.

## *Worte der Liebe*

Mehrmals täglich atme ich tief durch
und sage: »Ich bin wach und aufmerksam.«
Liebevolle Aufmerksamkeit verleiht mir
die Kraft, mein Leben in die von mir
gewünschte Richtung zu lenken.

7. WOCHE

*In dieser Woche arbeite ich harmonisch mit dem Leben zusammen. Noch herrscht die Ruhe des Winters. Das Land ist still und ruhig. Die Teiche sind zugefroren. Doch ich weiß, dass das Leben unter der Oberfläche immer aktiv ist. Ich nutze diese Zeit der Stille, um in mich hineinzuschauen und meine innere Arbeit zu tun. Ich erforsche die Tiefen meines Herzens, meines Geistes und meiner Gefühle und erfreue mich an dem, was ich dort finde!*

## *Worte der Hoffnung*

Die negativen Botschaften
und der Zynismus in den Massenmedien
interessieren mich nicht.
Ich halte nur nach positiven
und inspirierenden Nachrichten
Ausschau.

## *Worte der Liebe*

Ich mache mich nicht länger abhängig
von ungesunden Menschen, Orten
und Dingen. Ich reinige meinen Körper
und meinen Geist, indem ich mir
eine gesunde Dosis Selbstliebe und
Selbstachtung verabreiche.

*Ich bin der erfolgreiche Schöpfer
meiner Welt. Mein Leben und alles darin
ist das perfekte Abbild meines eigenen
Bewusstseinszustandes. Ich danke mir
für all das Gute, das ich erschaffen habe.
Wenn es in meinem Leben Dinge gibt,
die ich gerne ändern möchte, dann beginne ich
damit, mein Denken zu ändern.
Ich bin bereit, einschränkende, meine
Entwicklung hemmende Denkweisen
aufzugeben, und mache mir stattdessen neue
Überzeugungen zu Eigen,
die meine Selbstachtung und mein
Selbstwertgefühl heben.*

8. WOCHE

## *Worte der Hoffnung*

Die dauerhafteste Beziehung in meinem
Leben ist die Beziehung zu mir selbst.
Der eine Mensch, mit dem ich ewig
zusammen sein werde, bin ich selbst.

## *Worte der Liebe*

Ich vergebe allen Menschen,
die mir je Schmerz zugefügt haben.
Vergebung ist der Schlüssel zu einem
Leben in Freude.

## 9. WOCHE

*Ich weiß, dass es von meinem Bewusstsein abhängt, wie wohlhabend ich bin. Ich freue mich jedes Mal von Herzen, wenn ich Reichtum sehe, und schaffe geistig Raum dafür, dass Wohlstand in mein Leben strömen kann. Dankbar zu sein für das, was ich bereits besitze, bewirkt, dass ich mehr davon bekomme. Das trifft auch auf meine Talente und Fähigkeiten und auf meine Gesundheit zu. In dieser Woche nehme ich mir vor, überall Wohlstand zu sehen und mich daran zu freuen!*

## *Worte der Hoffnung*

Ich bin glücklich mit mir selbst
und finde in mir Erfüllung, ganz gleich,
ob ich gegenwärtig eine Liebesbeziehung,
Kinder, viel Geld
oder andere Dinge »habe«.

## *Worte der Liebe*

Ich sende Liebe in jene Teile
meines Körpers, mit denen ich zurzeit
nicht zufrieden bin. Ich liebe mich
innen und außen.

10. WOCHE

*Ich lasse die Stürme der Zeit
an mir vorbeirauschen. Auch wenn mir
der Wind gelegentlich ins Gesicht bläst,
weiß ich doch, dass ich immer sicher und
geborgen bin. Nichts kann mir Schaden
zufügen, denn ich weiß, wer ich bin.
Ich bin eins mit allem Lebendigen. Ich bin ein
wunderbares, einzigartiges Wesen.
Stille Freude erfüllt mich und ich besitze
unerschütterliches Selbstvertrauen.
Ich weiß und bekräftige jetzt, dass ich es
verdiene, an allem teilzuhaben,
was gut ist.*

## *Worte der Hoffnung*

Lachen und Fröhlichkeit spielen
in meinem Leben eine wichtige Rolle.
Ich schenke meinen Mitmenschen
gerne mein Lachen.

## *Worte der Liebe*

Ich freue mich am Erfolg anderer,
denn ich weiß, es ist mehr als genug
für alle da.

11. WOCHE

*In allen Dingen ist die stille Kraft der Natur am Werk – in vollkommener Harmonie. Auch wenn sich gegenwärtig im Äußeren vielleicht wenig verändert, weiß ich doch, dass das, was ich heute denke, über meine Zukunft entscheidet. Ich bin geistig und emotional bestens dafür gerüstet, mich eines reichen, liebevollen Daseins zu erfreuen. Ich beanspruche jetzt alles Gute, das das Leben für mich bereithält.*

## *Worte der Hoffnung*

Ich achte die Menschen aller Hautfarben,
Kulturen und Religionen.
Wir alle sind Reisegefährten auf diesem
wunderbaren Planeten.

## *Worte der Liebe*

Ich höre anderen aufmerksam zu.
Ihre Gedanken und Ansichten sind ebenso
wichtig wie meine.

12. WOCHE

*In dieser Woche entscheide ich mich bewusst dafür, mich gut zu fühlen. Mein Denken stärkt meine Selbstachtung und mein Selbstvertrauen. Wenn die Lage schwierig wird, sage ich mir sofort: »Alles wird gut werden. Ich bin stets sicher und geborgen. In meiner Welt herrschen Frieden und Harmonie.« Ich sorge stets gut für mich selbst.*

12. WOCHE

## *Worte der Hoffnung*

Ich denke darüber nach, wie ich einen Beitrag zur Heilung unseres Planeten leisten kann, und unternehme dann konkrete Schritte in diese Richtung.

## *Worte der Liebe*

Jedes Mal, wenn ich in den Spiegel schaue, gebe ich mir selbst eine positive Rückmeldung, indem ich zum Beispiel sage: »Du bist wunderbar«, »Ich liebe dich« oder »Es ist schön, dass es dich gibt!«

13. WOCHE

*Nun, wo es auf den Frühling zugeht,
bin ich offen und empfangsbereit
für die heilenden Energien des Universums.
Ich weiß, dass jede Zelle meines Körpers
intelligent ist und über Selbstheilungskräfte
verfügt. Mein Körper strebt immer nach einem
perfekten Gesundheitszustand und ich löse
mich jetzt von allen negativen Denkmustern,
die mein körperliches Wohlbefinden
beeinträchtigen. Ich bin dankbar für die gute
Gesundheit, der ich mich in der Vergangenheit
erfreuen konnte, und im Hier und Jetzt nehme
ich Heilung und gute Gesundheit voller
Dankbarkeit an.*

## *Worte der Hoffnung*

Ich meditiere regelmäßig, um mit meinem höheren Selbst in Verbindung zu treten. Während meiner Meditation spüre ich tiefen Frieden und nehme dieses Gefühl mit in den Alltag.

## *Worte der Liebe*

Es macht mir Freude,
meinen Mitmenschen gegenüber
freundlich und hilfsbereit zu sein,
ohne dafür eine Gegenleistung
zu erwarten.

*Die ersten Zeichen des Frühlings
erinnern mich daran, die Wunder der Natur
wahrzunehmen und wertzuschätzen.
Ich lausche voller Freude den Liedern der Vögel,
staune über die ersten Tulpen und freue mich
über die wärmenden Sonnenstrahlen.
Mit allen Sinnen nehme ich die Schönheit
der Natur in mich auf.*

14. WOCHE

## *Worte der Hoffnung*

Wohlstand aller Art fließt mir zu.
Ich bin offen und empfangsbereit für neue
Quellen des Reichtums.

## *Worte der Liebe*

Jene Macht, von der die Welt erschaffen
wurde, lässt mein Herz schlagen
und meine Lunge atmen. Ich bin eins
mit allem Leben.

15. WOCHE

*Überall sehe ich positive Möglichkeiten. Mein Geist ist eine wunderbare und unbesiegbare Macht. Neue, positive Gedanken beginnen in mir aufzublühen. Ich weiß, dass ich meinen Geist in jede gewünschte Bahn lenken kann. Ich meistere mein Schicksal und fühle mich gesegnet.*

## *Worte der Hoffnung*

Die so genannten schmerzlichen
Augenblicke in meinem Leben sind
einzigartige Gelegenheiten,
mich weiterzuentwickeln und tiefe
Einsichten zu gewinnen.

## *Worte der Liebe*

Liebevoll segne ich alles in meiner Welt –
meine Arbeit, mein Zuhause,
meine Freunde, meine Haustiere,
die Nahrung, die ich esse –
einfach alles!

16. WOCHE

*Das Leben ist reich und voller Wunder! Es ist Fülle und Überfluss! Und ich bin ein Teil dieses Reichtums. Ich öffne mein Herz, ich öffne meinen Geist und ich erkläre: »Ich habe jetzt Anteil an der überreichen Fülle dieses Universums!« Ich lasse es zu, dass dieser Gedanke mich ganz und gar durchdringt und sich fest in meinem Bewusstsein verankert. Ich mache ihn zu einem persönlichen Gesetz und erlebe, wie mein Leben sich dadurch auf wunderbare Weise wandelt und verbessert.*

## *Worte der Hoffnung*

Ich bin in allen Bereichen meines Lebens schöpferisch. Meiner Kreativität sind keine Grenzen gesetzt.

## *Worte der Liebe*

Liebevoll und achtsam trainiere ich meinen Körper und halte ihn in Schwung, ohne ihn zu überfordern.

## 17. WOCHE

*Ich achte sorgfältig auf meine Gedanken und Worte. Ich weiß, viele Menschen neigen dazu, das Leben in einem negativen Licht zu sehen. Doch statt zu sagen: »O nein, was für ein scheußlicher Regentag!«, genügt oft schon eine kleine Änderung der Wahrnehmung, um stattdessen festzustellen: »Oh, wie gut es ist, dass es heute regnet. Die Bäume und die Blumen freuen sich über das Wasser!« In dieser Woche konzentriere ich mich bewusst darauf, meine alten, negativen Ansichten durch neue, optimistische zu ersetzen.*

17. WOCHE

## *Worte der Hoffnung*

Als Mitarbeiter bin ich gut gelaunt und fleißig. Als Vorgesetzter bin ich geduldig und taktvoll.

## *Worte der Liebe*

Ich vergesse nie, den Menschen in meiner Umgebung meine Dankbarkeit zu zeigen. Ich weiß ihre Zuneigung zu schätzen und halte nichts, was sie für mich tun, einfach für selbstverständlich.

18. WOCHE

*Der Frühling ist die beste Zeit, um Hausputz zu halten und mein Leben von überflüssig gewordenem Ballast zu befreien. Ich strahle Freude und Liebe aus und staune, wie dadurch auf wunderbare Weise neue Schönheit in mein Leben einzieht. Ich bin großzügig und bereit zu geben. Die ganze Welt ist meine Familie. Mein Leben ist ein Garten, der durch positive Gedanken blüht und gedeiht.*

## *Worte der Hoffnung*

Mein Zuhause ist ein schöner und friedvoller Ort. Ich statte es so aus, dass ich mich darin wohl fühle und glücklich bin.

## *Worte der Liebe*

Unsere zwischenmenschlichen Beziehungen sind immer der Spiegel, in denen wir Aspekte unserer selbst erkennen können.

*In dieser Woche werde ich mich frisch und voller Tatendrang fühlen! Voller Freude sehe ich die Natur ringsum sprießen und gedeihen. Meine Gedanken sind wahrhaft schöpferisch. Die Schönheit und Magie meiner positiven neuen Lebenserfahrungen erfüllen mich mit Freude. Ich vertraue dem Universum und lasse mich von den vielen Wundern, die ich in der Welt sehe, inspirieren.*

## *Worte der Hoffnung*

Ich ziehe jetzt neue Menschen
in mein Leben, die warmherzig, hilfsbereit,
intelligent und humorvoll sind.

## *Worte der Liebe*

Mein inneres Kind ist glücklich
und zufrieden. Ich umsorge es liebevoll,
spiele gerne mit ihm und sende ihm
trostreiche, freundliche Gedanken.

*Wir sind hier, um unsere Bestimmung zu erfüllen. Was ist unsere Bestimmung? Wer sind Sie und welche besonderen Gaben können Sie der Welt schenken? Sie sind ein göttlicher Ausdruck des Lebens und der Sinn Ihres Daseins besteht darin, einen positiven, wertvollen Beitrag zu leisten. Ihre angeborenen Begabungen und Fähigkeiten sind ein Hinweis auf Ihre Bestimmung. Kultivieren Sie das Gute in Ihnen und lassen Sie andere großzügig daran teilhaben. Auf diese Weise helfen Sie bei der Heilung des Planeten mit.*

## *Worte der Hoffnung*

Alles, was ich visualisieren,
mir also lebhaft bildlich vorstellen kann,
kann ich in meinem Leben erschaffen.

## *Worte der Liebe*

Liebe ist die beste Medizin.
Mich selbst und andere zu lieben
kann wahre Wunder wirken.

## 21. WOCHE

*In dieser Woche gelange ich zu einer klaren Vision meiner Zukunft, sehe meine Bestimmung deutlich vor mir. Mein inneres Wissen führt mich stets auf gute Wege, sodass immer bestens für mich gesorgt ist. Ich nehme Verbindung zu der Unendlichkeit des Lebens auf, wo alles vollkommen, heil und erfüllt ist. In dieser sich unaufhörlich verändernden Welt bleibe ich in meiner Mitte geborgen. Ich beginne jetzt damit, das Gute in allen Menschen und Dingen zu sehen.*

## *Worte der Hoffnung*

Jeder Mensch hier auf Erden
lebt sein eigenes, persönliches Drama.
Ich empfinde Mitgefühl, kein Mitleid
für jene, die obdachlos, behindert,
arm oder in anderer Weise leidgeprüft sind.
Ich helfe, wo ich kann.

## *Worte der Liebe*

Ich bin auf diesen Planeten gekommen,
um zu lernen, dass nur die Liebe zählt.
Allein auf die Liebe kommt es an.

*Ich mache mir in dieser Zeit bewusst,
dass sich die Natur in einem unendlichen
Reichtum an Formen, Farben und Bewegungen
entfaltet. Ich bin ein Teil der Natur; daher
entfalte auch ich mich farbenreich und schön.
Meine Möglichkeiten sind unendlich
und spektakulär. In diesem unendlichen
Universum stehen mir alle Türen weit offen.*

## *Worte der Hoffnung*

Mein Geist ist ein machtvolles Werkzeug, das ich auf jede gewünschte Art gebrauchen kann. Ich entscheide mich dafür, es zum Wohle aller Menschen in meiner Welt zu nutzen, einschließlich mir selbst.

## *Worte der Liebe*

Alle Leute, die mir in meinem Leben wertvolle Dienste leisten – Handwerker, Versicherungsagenten, Händler usw. –, sind ehrlich und freundlich. Ich behandle sie liebevoll und mit Respekt und sie behandeln mich ebenso.

*Ich arbeite nun schon eine ganze Weile an der Vervollkommnung meiner geistigen Fähigkeiten. Überall blüht Leben auf. Die Bäume sind grün und die Luft ist warm. Alles wird neu und ich spüre in mir die tiefe Gewissheit, dass ich eine vitale, liebevolle, freudige Verkörperung des Lebensprinzips bin.*

## *Worte der Hoffnung*

Ich sende den einflussreichen Politikern
dieser Welt meine Liebe.
Mögen alle ihre Handlungen dem Wohl
der Menschheit dienen.

## *Worte der Liebe*

Liebevoll spreche ich mit den Pflanzen
in meiner Wohnung, meinem Büro
und meinem Garten, in dem Wissen,
dass sie dank meiner Fürsorge
bestens wachsen und gedeihen.

*Es ist an der Zeit,*
*dass wir alle gemeinsam daran arbeiten,*
*diese Welt zu einem harmonischeren und*
*liebevolleren Ort zu machen.*
*Wir werden enorm davon profitieren, wenn wir*
*künftig statt auf Konkurrenz auf Kooperation*
*setzen. Zusammenarbeit ist von unendlichem*
*Nutzen, denn auf diese Weise kann der Erfolg*
*eines Menschen allen zugute kommen.*
*Wir müssen lernen, bei unseren persönlichen*
*Bestrebungen immer das Wohl aller im Auge*
*zu behalten. Die Freude eines einzelnen*
*Menschen ist Freude für uns alle.*
*Der Schmerz, den ein einzelner Mensch*
*erleiden muss, verletzt uns alle.*

24. WOCHE

## *Wort der Hoffnung*

Ich akzeptiere meine eigenen sexuellen Bedürfnisse ebenso wie die meiner Mitmenschen. Heterosexuelle, Homosexuelle, Bisexuelle, Menschen, die auf Sex verzichten – sie alle verdienen Liebe und Respekt.

## *Worte der Liebe*

Mein Partner/meine Partnerin versteht mich vollkommen. Wir sind in allen Lebensbereichen in Harmonie und wir sprechen auf offene, tolerante Weise miteinander. Mit jedem neuen Tag wächst unsere Liebe.

25. WOCHE

*In dieser Woche mache ich mir*
*die Schönheit meiner Seele bewusst.*
*Obgleich ich einen äußeren Körper und eine*
*Persönlichkeit besitze, weiß ich doch,*
*dass meine Seele das Zentrum meines Seins ist.*
*Meine Seele ist jener Teil von mir, der ewig ist –*
*der immer war und immer sein wird.*
*Meine Seele ist unverletzlich und unzerstörbar.*
*Und durch jede Erfahrung, die ich im Leben*
*mache, wird sie reicher.*

## *Worte der Hoffnung*

Jetzt mache ich einmal einen richtigen
geistigen Hausputz, befreie mich
von alten, negativen Mustern,
sodass neue, hoffnungsvolle Gedanken
hereinströmen können.

## *Worte der Liebe*

Ich sage stets die Wahrheit.
Jede Lüge ist eine negative Botschaft,
die den freien Fluss der Liebe
in meinem Leben behindert.
Daher verzichte ich darauf, mich hinter
Unwahrheiten zu verstecken.

## 26. WOCHE

*Ich achte darauf, dass es in meinem Leben genug Raum für Erholung und Entspannung gibt. Ein gutes Buch zu lesen ist eine wunderbare Art, sich zu erholen. Bücher bereichern mein Leben und nähren meine Seele. In der örtlichen Buchhandlung oder Bibliothek finde ich die zu meiner jeweiligen Stimmung passende Lektüre. Bücher, die mir Freude bereitet haben, empfehle ich weiter, sodass ich mit meinen Freunden anregende Gespräche darüber führen kann. Lesen ist immer ein großes Vergnügen!*

26. WOCHE

## *Worte der Hoffnung*

Ich achte darauf, was ich denke,
während ich Auto fahre oder arbeite.
Alle negativen Gedanken, die dabei
auftauchen, verwandle ich sofort in
positive. Dadurch verändert mein Leben
sich spürbar zum Besseren.

## *Worte der Liebe*

Schönheit inspiriert und erfrischt mich.
Ich nehme mir jeden Tag die Zeit,
die Schönheit einer Blume, eines Baumes
oder des Sonnenuntergangs zu genießen.
Schönheit weckt Liebe in mir.

27. WOCHE

*Ich freue mich an meiner Freiheit. Ich weiß, dass ich jetzt, in diesem Augenblick, mit allem, was in mir ist, göttlich bin. Ich bin frei, in meinem Leben alle Erfahrungen zu machen, die ich mir wünsche. Darum entscheide ich mich bewusst, das Licht zu erfahren. Ich strebe stets danach, Frieden und Freude zu erfahren und anderen Frieden und Freude zu schenken. Das Licht der Liebe erhellt alle meine Wege. Es steht mir hier und jetzt frei, glücklich zu sein.*

27. WOCHE

## *Worte der Hoffnung*

Ich bin bereit, mich von all jenen zu lösen,
die Schmerz hervorrufen.
Ich kann mein Leben positiv verändern –
jetzt sofort fange ich damit an!

## *Worte der Liebe*

Ich achte stets auf mein Äußeres,
trage Kleidung, in der ich mich wohl fühle
und die mir gut steht, und habe
eine schöne Frisur. Meine äußere
Erscheinung spiegelt die Liebe wider,
die ich für mich empfinde.

*Wie erfolgreich Sie im Leben sind, hängt entscheidend davon ab, was Sie von sich selbst denken. Wenn Sie sich lieben und akzeptieren und sich als wertvollen Menschen betrachten, schicken Sie dem Universum damit eine machtvolle Botschaft. Diese Botschaft besagt: »Ich bin ein wertvolles und wichtiges Individuum. Ich verdiene es, mit Achtung und Anstand behandelt zu werden!« So werden Sie Menschen und Situationen anziehen, die Ihr hohes Selbstwertgefühl reflektieren.*

28. WOCHE

## *Worte der Hoffnung*

Ich erkenne, dass das Universum
eine kosmische Macht ist, die alles Gute
erschafft. Ich verbinde mich jetzt
mit dieser Kraft und spüre, wie sie mich
immer und überall durchströmt.

## *Worte der Liebe*

Stets sehe ich nur Gutes in anderen
Menschen und ich helfe ihnen,
so weit ich kann, das Beste aus sich
zu machen.

29. WOCHE

*In dieser Woche achte ich einmal ganz besonders auf meinen inneren Dialog. Wenn ich merke, dass ich mich selbst schlecht mache oder kritisiere, erkenne ich, dass es sich dabei um alte Muster aus meiner Kindheit handelt. Sofort spreche ich dann liebevoll und tröstend zu meinem inneren Kind. Statt mich mit Selbstvorwürfen zu quälen, stärke ich mein Selbstvertrauen, indem ich mich lobe und ermutige.*

## *Worte der Hoffnung*

Moderne elektronische Geräte
sind kein Problem für mich.
Es macht mir Spaß, mich mit der
Bedienung meines neuen Computers,
Videorekorders oder CD-Players
vertraut zu machen. Wenn ich allein
nicht zurechtkomme, bitte ich
andere um Hilfe.

## *Worte der Liebe*

Ich vergesse nie, mich bei Arbeitskollegen
zu bedanken, wenn sie mir helfen
und etwas für mich tun. Ein Wort
der Anerkennung kann einem Menschen
den Tag erhellen!

*Die Freuden des Sommers sind es wert, dass ich sie wirklich genieße. Man kann jetzt so viel Spaß haben! Ich lache, singe, tanze und spiele. Ich lasse meiner Kreativität freien Lauf. Ich grille zusammen mit Freunden und gehe schwimmen. Ich lasse Drachen steigen, unternehme Bootsausflüge und wandere. Ich genieße von Herzen die vielen Wunder des Lebens. Ich segne alles, was ist.*

## *Worte der Hoffnung*

Wenn ich beschließe, den Arbeitsplatz zu wechseln, segne ich meinen gegenwärtigen Job liebevoll und in dem Wissen, dass eine dafür ideal geeignete Person meinen Platz einnehmen wird und dass auch ich eine ideale neue Arbeitsstelle finden werde.

## *Worte der Liebe*

Wenn ich mich depressiv oder einsam fühle, ein Suchtproblem habe oder einfach die Kameradschaft anderer Menschen benötige, die nach mehr Lebensqualität streben, schließe ich mich einer entsprechenden Selbsthilfegruppe an. Die Hilfe anderer zu suchen und anzunehmen zeugt von persönlicher Stärke.

31. WOCHE

*Zwischen Arbeit und Freizeit herrscht in meinem Leben ein ausgewogenes Verhältnis. Es fällt mir leicht, die Dinge auch einmal ruhig anzugehen und mir eine Pause zu gönnen. So gebe ich dem Universum die Gelegenheit, mich in solchen Ruhephasen mit neuen Einsichten und Inspirationen zu versorgen. Diese Art zu leben ist mir inzwischen regelrecht zur zweiten Natur geworden. Entspannt und voller Freude vertraue ich mich dem Fluss des Lebens an.*

## *Worte der Hoffnung*

Meine Beziehungen und Freundschaften ermöglichen es mir, mehr über mich selbst herauszufinden und mich weiterzuentwickeln. Die Bereitschaft, von meinen Mitmenschen zu lernen, schenkt mir Kraft und Hoffnung.

## *Worte der Liebe*

Wenn ich wütend auf jemanden bin, dann teile ich ihm oder ihr meine Gefühle offen und ruhig mit. Wenn ich andere Menschen attackiere, bewirkt das nur, dass sie sich verteidigen und abschotten. Liebevolle Offenheit dagegen schafft Verständnis.

32. WOCHE

*Ich bin in meinem Geist der einzige Denker.
Ich wähle meine Gedanken selbst.
Ich kann Wohlstands-Gedanken wählen oder
Armuts-Gedanken. Gedanken an Wohlstand
und Fülle ziehen Erfolg nach sich,
während Gedanken an Armut und Mangel
Beschränkungen und Leid hervorbringen.
Ich weiß, dass wahrer Wohlstand nicht nur
darin besteht, über genug Geld zu verfügen.
Er bedeutet auch, gesund zu sein, liebevolle
Beziehungen und eine erfüllende Arbeit
zu haben und sich spirituell
weiterzuentwickeln.*

## *Worte der Hoffnung*

Ich bin wie eine junge Birke, biege mich leicht und geschmeidig und passe mich mühelos an neue Herausforderungen an. So wie es angenehmer ist, einen beweglichen, elastischen Körper zu besitzen, ist es auch angenehmer, wenn der Geist beweglich und elastisch ist.

## *Worte der Liebe*

Geist und Körper sind bei mir im Gleichgewicht. Leicht und mühelos halte ich mein persönliches Idealgewicht, denn ich liebe meinen Körper so, wie er ist.

*Jeden Tag mache ich mir neu bewusst, wie herausfordernd und erfüllend meine Arbeit ist. Immer wieder segne ich liebevoll meine momentane berufliche Situation. Ich denke daran, dass es in meinem Körper Millionen von Zellen gibt, die rund um die Uhr unermüdlich ihre wunderbare, geheimnisvolle Arbeit tun und mich so am Leben erhalten. So wie sie ihre Aufgaben erfüllen, erfülle auch ich die Aufgaben, die das Leben an mich stellt.*

## *Worte der Hoffnung*

Andere Menschen suchen meine Gesellschaft. Ich schenke anderen Freude, bin ein guter Zuhörer, ein mitfühlender Freund und vertrauenswürdiger Partner. Ich bin eine Quelle der Hoffnung für meine Umgebung.

## *Worte der Liebe*

Wenn ich mich in einer leidvollen Beziehung befinde, die meine Lebensqualität auf Dauer beeinträchtigt, finde ich die Kraft, diesen Menschen gehen zu lassen. Ich vergebe ihm oder ihr und löse mich aus der Abhängigkeit von dieser Person.

34. WOCHE

*Gelegentlich, wenn ich Kinder auf dem Weg zur Schule sehe, erinnere ich mich an meine eigene Kindheit und Jugend. Ich denke an die Zeit zurück, als ich als kleines Kind ängstlich und aufgeregt meinem ersten Schultag entgegensah, und muss dabei lächeln. Innerlich umarme ich dieses kleine Kind liebevoll und sage ihm, dass es ganz in Ordnung ist, in einem solchen Moment ängstlich und unruhig zu sein. Heute helfe ich den Kindern in meiner Umgebung, ihre Ängste zu überwinden und mit freudiger Erwartung jedes neue Schuljahr zu beginnen.*

## *Worte der Hoffnung*

Jeden Tag visualisiere ich meine Welt
als friedvoll, schön und heil. Ich stelle mir
klar und deutlich bildhaft vor, dass es
für alle Menschen genügend Nahrung,
Kleidung und Wohnraum gibt.

## *Worte der Liebe*

Ich kommuniziere liebevoll mit meinen
Haustieren und sie teilen mir mit,
wie ich sie glücklich machen kann.
Alle Kinder Gottes – Menschen und Tiere
gleichermaßen – verdienen das Beste.

*Etwas Neues liegt in der Luft.*
*Wenn ich meditiere, atme ich tief die Intelligenz*
*des Lebens ein und atme alle Anspannung*
*und Furcht aus. Die Schule des Lebens bringt*
*mir tiefe Erfüllung. Ich schärfe meine*
*Bewusstheit, indem ich stets die göttliche Kraft*
*in mir und um mich spüre.*
*Jeder Tag bringt mir neue Erfahrungen*
*und Chancen, denn ich lebe im Jetzt.*

## *Worte der Hoffnung*

Ich habe alle Zeit der Welt.
Ich habe genug Zeit für alle Aufgaben,
die ich in dieser Woche erledigen muss.
Ich bin stark und lebe ganz
in der Gegenwart.

## *Worte der Liebe*

Ich weiß, dass ich die Antwort auf viele Fragen, die sich mir im Leben stellen, buchstäblich im Schlaf finden kann. Abends vor dem Einschlafen konzentriere ich mich auf liebevolle Gedanken und lege so das Fundament für die Arbeit, die in meinen nächtlichen Träumen geschieht.

36. WOCHE

*Das Leben hält eine Vielzahl von Erfahrungen für uns bereit. Jeder von uns weiß, wie es sich anfühlt, wenn wir einen scheinbaren Misserfolg erleiden. Von Zeit zu Zeit machen uns alle Rückschläge und Verzögerungen zu schaffen. Nehmen wir jedoch gegenüber solchen Erfahrungen eine Haltung ein, die es uns ermöglicht, aus ihnen zu lernen und sie für unsere Weiterentwicklung zu nutzen, dann tragen sie langfristig sehr viel zu unserem Wohlergehen bei. Sagen Sie sich: »Alle meine Erfahrungen sind wichtige Schritte auf meinem Weg zu Glück und Erfolg.«*

36. WOCHE

## *Worte der Hoffnung*

Was ich anderen gebe, kehrt vermehrt
wieder zu mir zurück.
Was ich über mich selbst glaube,
verwirklicht sich in meinem Leben.
Ich vertraue mir und ich vertraue
dem Leben.

## *Worte der Liebe*

Liebevoll segne ich alle meine Rechnungen.
Ich weiß, jede Rechnung, die ich erhalte,
ist Beweis dafür, dass jemand Vertrauen hat
in meine Fähigkeiten, Geld zu verdienen.

## 37. WOCHE

*Wenn wir nachts träumen, finden oft wichtige innere Klärungsprozesse statt. Ich weiß, dass ich darum bitten kann, im Traum Hilfe bei Problemen zu erhalten, die mir gerade zu schaffen machen. Vor dem Einschlafen stelle ich eine Frage, auf die gerne eine Antwort hätte, und wenn ich aufwache, ist die Antwort da. Jeden Morgen danke ich für meinen behüteten Schlaf und die vielen Segnungen in meinem Leben.*

## *Worte der Hoffnung*

Das Alter ist für mich keine Last,
sondern Chance und Herausforderung.
Es gibt für alte Menschen unzählige
Möglichkeiten, einen positiven Beitrag
zum Leben zu leisten. Die Welt braucht
die Weisheit und das Urteilsvermögen
reifer, lebenserfahrener Menschen.
Auch wenn ich alt werde,
wird man weiter mit mir rechnen
können und müssen.

## *Worte der Liebe*

Ich genieße Essen und Trinken vernünftig
und in Maßen. Ich brauche keinen Alkohol,
um zu feiern und fröhlich zu sein. Wenn ich
doch einmal vorhabe, etwas zu trinken,
richte ich es so ein, dass ich anschließend
nicht Auto fahren muss.

*Immer wieder nehme ich mir Zeit, innere Einkehr zu halten und meinen Geist dabei von Negativität, Pessimismus und Zweifeln zu reinigen. Ich kann das alles aus meinem Denken verbannen und stattdessen positive Energie, Hoffnung und Optimismus zum Ziel meiner Konzentration machen. Das ist gar nicht schwierig. Gedanken lassen sich immer verändern. Ich freue mich auf alles Schöne, das ich in dieser Woche erlebe, und weiß, dass ich durch jede neue Erfahrung dazulerne und mich weiterentwickle.*

## *Worte der Hoffnung*

Ich bin ein kostbares, seltenes Juwel mit einzigartigen Talenten und Fähigkeiten. Statt zu versuchen, andere nachzuahmen, freue ich mich an meiner Individualität.

## *Worte der Liebe*

Als allein erziehende Mutter/allein erziehender Vater meistere ich die Herausforderungen meines Alltags mit Geduld und Hingabe. Ich schenke meinen Kindern Liebe und sie erwidern diese Liebe. Unser Verhältnis ist gut und harmonisch.

*Die Gesetze des Universums sind einfach: Ich säe, was ich ernte. Ich lerne jetzt, dass ich mich bewusst und tief empfunden mit glücklichen Gedanken der Fülle identifizieren muss, wenn ich eine reiche Ernte an glücklichen, erfüllenden, befriedigenden Erlebnissen einfahren möchte. Jeden Tag beginne ich damit, dass ich tiefe Dankbarkeit für alles empfinde, womit das Leben mich beschenkt.*

## *Worte der Hoffnung*

Ich spare mir Glück und Zufriedenheit nicht auf, bis ich die richtige Arbeit oder die richtige Beziehung gefunden und genug Geld verdient habe. Ich bin glücklich im Hier und Jetzt und ich unternehme, was nötig ist, um mein Leben noch reicher und schöner zu gestalten.

## *Worte der Liebe*

Engel sind spezielle Beschützer des Lichts, die mir jederzeit beistehen. Ich rufe meine Engel herbei, wenn ich sie brauche, und bitte sie um ihre liebevolle Führung.

## 40. WOCHE

*Jeder Mensch verdient es, einer beruflichen Betätigung nachzugehen, die er wirklich liebt. Wenn wir tun, was wir wirklich lieben, empfinden wir es nicht als Mühe oder Arbeit. Tun Sie das, was Sie lieben? Falls nicht, was würden Sie gerne tun? Welche Art von Arbeit würden Sie wirklich spannend und aufregend finden? Menschen, denen ihre Arbeit Freude macht, sind produktiver und leisten mehr. Wenn Sie sich Ihrer Arbeit mit Leidenschaft widmen, werden Sie durch Erfolge belohnt. Wenn es das Berufsbild, das Sie sich wünschen, noch nicht gibt, erfinden Sie es eben neu, seien Sie kreativ! »Die Karriere, die es mir ermöglicht, das zu tun, was mir Freude macht, entfaltet sich vor mir auf hoffnungsvolle Weise.«*

## *Worte der Hoffnung*

Musik ist ein wunderbarer Bestandteil des täglichen Lebens. Ich höre Musik, die Balsam für meine Seele ist. Ich singe gerne laut und fröhlich unter der Dusche, im Auto oder gemeinsam mit anderen.

## *Worte der Liebe*

Ich weiß, dass ich andere nur lieben kann, wenn ich mich selbst liebe. Wenn ich wirklich lerne, mich selbst zu lieben, werde ich auch lernen, andere zu lieben, und dann werden sie diese Liebe erwidern.

41. WOCHE

*In dieser Woche sehe ich alles um mich herum besonders klar und bewusst. Ich denke immer daran, dass es für jedes Problem eine Lösung gibt. Weil ich jede Situation auf diese Weise betrachte, weiß ich, dass alle momentanen Schwierigkeiten vorübergehen. Ich bin bereit, die jeweilige Lektion zu lernen, und öffne mich für alle guten Dinge, die das Universum mir zu bieten hat. Alles ist gut in meiner Welt.*

## *Worte der Hoffnung*

Ich schaffe mir mein eigenes Sicherheits-
bewusstsein, das ich überallhin mitnehme,
welche Verkehrsmittel ich auch benutze.
Ich bin stets sicher und geborgen.

## *Worte der Liebe*

Wenn ich ein Zimmer betrete,
bringe ich Stärke, Freude, Mitgefühl
und Sinn für Schönheit mit.
Andere Menschen finden mich
anziehend und liebenswert.

42. WOCHE

*Die Zeit, wenn die bunten Blätter von den Bäumen fallen, ist eine gute Gelegenheit, sich von altem, überfülltem Ballast zu befreien. Dadurch fühle ich mich belebt und energetisiert. Diese Kraft kann ich nutzen, um Arbeiten in Haus und Garten zu erledigen, mich um meine Korrespondenz zu kümmern und allgemein in meinem Leben für Ordnung zu sorgen. Wenn meine persönlichen Dinge gut geordnet sind, gibt es weniger Probleme, und ich fühle mich stark, handlungsfähig und zuversichtlich.*

## *Worte der Hoffnung*

Ich schreibe auf, welche Gedanken
und Gefühle mir zum Thema Tod
in den Sinn kommen, um herauszufinden,
ob ich gegenüber dem Sterben eine
negative Haltung einnehme.
Den Tod zu fürchten beeinträchtigt
das Leben. Wenn ich mich von der Angst
vor dem Tod befreie, kann ich
angstfrei leben.

## *Worte der Liebe*

Ich lobe meine Kinder oft und sage ihnen,
wie gerne ich sie mag und wie sehr sie
mein Leben bereichern. Wenn ich sie
ermahne oder ihnen etwas verbiete,
geschieht das mit Nachdruck und
Sanftheit, ohne dass ich sie kritisiere oder
ihnen Vorwürfe mache.

43. WOCHE

# *Die unendliche Weisheit*

*des Universums wohnt in den Herzen
aller Menschen, auch in meinem.
Ich schiebe alle belastenden, beunruhigenden
Gedanken sanft beiseite und konzentriere mich
ganz auf die Schönheit des ewigen Jetzt.
Ich sehe das Licht. Ich sehe die Fülle.
Ich spüre die Liebe. Ich fühle mich unendlich
dankbar und wahrhaft gesegnet.*

## *Worte der Hoffnung*

Das Leben spiegelt alle meine Gedanken wider. Solange ich mein Denken positiv ausrichte, wird das Leben mir nur gute Erfahrungen bescheren.

## *Worte der Liebe*

Ich achte darauf, was ich esse
und wie ich mich nach dem Essen fühle.
Ich esse Nahrungsmittel, die mir Energie
geben, und meide Speisen,
nach deren Verzehr ich mich müde
und träge fühle.

*Wer wirklich Erfolg erleben möchte, sollte auf den eigenen Bewusstseinszustand achten. Freuen Sie sich, wenn Ihnen bei anderen Glück und Erfolg begegnen, und schaffen Sie in Ihrem Leben geistig dafür Raum. Wenn Sie dankbar sind für das, was Sie jetzt schon haben, werden Sie mehr davon bekommen. Gönnen Sie anderen ihren Erfolg und machen Sie sich stets bewusst, dass genug für alle da ist. Sagen Sie sich: »Ich bin dankbar für alles Gute in meinem Leben.«*

## *Worte der Hoffnung*

Ich bin vom Leben begeistert.
Energie und Optimismus durchströmen
mich und ich bin eine Quelle der
Inspiration und Ermutigung für andere.

## *Worte der Liebe*

Welchen Herausforderungen ich mich
auch gegenübersehen mag, ich weiß,
dass ich in der Mitte meines Seins
geborgen, heil und ewig bin.

*Ich folge meiner inneren Stimme.*
*So weiß ich, dass ich stets zur rechten Zeit am rechten Ort bin, und tue, was für mich richtig ist. Ich übernehme ernsthaft Verantwortung für mich und andere und bin doch gerne fröhlich und ausgelassen. Auch wenn ich ernsthaft und verantwortungsbewusst arbeite, nehme ich mir noch genügend Zeit für Erholung und Geselligkeit. Wenn ich meiner inneren Führung folge, kann ich mit Gelassenheit alle Herausforderungen bewältigen.*

## *Worte der Hoffnung*

Ich weiß es zu schätzen, wenn ich Zeit
für mich selbst habe, und genieße
die angenehmen Seiten des Alleinseins.
Ich nutze diese Zeit, um zu meditieren,
Briefe zu schreiben und mich kreativ
zu betätigen.

## *Worte der Liebe*

Während ich meinen Alltagsaktivitäten
nachgehe, vergesse ich nie zu lächeln.
Ich weiß, dass ein warmherziges Lächeln
einem anderen den Tag erhellen kann!

*Jeder Tag meines Lebens ist reich an Wundern, die mich mit tiefer Dankbarkeit erfüllen. Ich nehme freudig und dankbar all das Gute an, womit mich das Leben beschenkt. Ich vertraue jederzeit darauf, dass das Universum mich mit allem versorgt, das ich brauche, um ein glückliches, zufriedenes Leben zu führen. Ich zeige meine Dankbarkeit jeden Tag und nehme nichts als selbstverständlich hin.*

## *Worte der Hoffnung*

Wenigstens einmal im Jahr nehme ich mir
die Zeit für einen wunderschönen Urlaub.
Ich plane ihn sorgfältig, sodass ich genug
Geld übrig habe, um mir in dieser Zeit
etwas wirklich Schönes zu gönnen.
Ich mache daraus eine großartige,
wundervolle Erfahrung!

## *Worte der Liebe*

Ich habe eine wunderbare romantische
Liebesbeziehung. Die Unterschiede
zwischen meiner Partnerin / meinem
Partner und mir helfen uns beiden, unser
Bewusstsein zu erweitern. Wir behandeln
einander liebevoll, denn wir wissen,
dass wir beide geliebte Kinder des einen
unendlichen Universums sind.

47. WOCHE

*Ich spüre stetige Geborgenheit,
fühle mich genährt und getragen von der Liebe
des Universums. Mein Herz ist offen
für die göttliche Kraft, die sich in allen Formen
des Lebens ausdrückt. Menschen aller
Hautfarben, Homosexuelle und Heterosexuelle,
Menschen meines Alters und Menschen,
die älter oder jünger als ich sind, sie alle sind
meine Freunde. Ich öffne mein Herz für alle
Menschen, sodass die Macht der Freundschaft
alle Unterschiede überwindet.*

## *Worte der Hoffnung*

Wenn mich etwas bedrückt, bitte ich
meine Freunde und meine Familie
um Hilfe und Unterstützung.
Umgekehrt bin auch ich für sie da,
wenn sie mich brauchen.

## *Worte der Liebe*

Ich liebe meine Arbeit. Ich danke jeden Tag
dafür, dass ich tun kann, was mir Freude
macht, mit Menschen zusammenarbeite,
die mich stimulieren, damit gutes Geld
verdiene und das Leben genießen kann.
Das Leben ist gut!

*Nehmen Sie sich Menschen zum Vorbild, deren positive Eigenschaften Sie bewundern. Halten Sie bewusst nach Menschen Ausschau, die liebevoll, erfolgreich und wohlhabend sind, und lassen Sie sich von ihnen inspirieren. Beobachten Sie sie, lernen Sie von ihnen und machen Sie sich klar, dass die gleichen bewundernswerten Eigenschaften auch in Ihnen selbst existieren. Ein wertvoller Schatz wartet in Ihrem Innern darauf, dass Sie ihn entdecken und ans Licht bringen. Konzentrieren Sie sich auf Ihre Talente, Leistungen und Triumphe, dann wird Ihr Selbstvertrauen Sie emportragen! Sie sind ein Erfolg! »Ich bin ein Geschenk für das Universum und das Universum beschenkt mich mit einem reichen und erfüllten Leben.«*

## *Worte der Hoffnung*

Ich konzentriere mich auf positive
Gedanken, denn ich weiß,
dass die Gedanken, die ich denke,
und die Worte, die ich spreche,
meine Zukunft erschaffen.

## *Worte der Liebe*

Ab heute bin ich mir selbst gegenüber
immer freundlich und sanft, was auch
geschieht. Jeder Fehler, der mir unterläuft,
ist eine Gelegenheit, mich von einem alten,
negativen Glaubenssatz zu befreien.

49. WOCHE

*Ich freue mich an der Schönheit des Winters. Je nachdem, wo ich lebe, kann ich mich jetzt im Schnee vergnügen oder bei langen Spaziergängen die kalte, klare Luft genießen. Weihnachten kommt langsam näher, eine Zeit, wo die ganze Welt gemeinsam feiert und gute Energie das ganze universale Bewusstsein erfüllt. Das Leben ist wunderbar!*

## *Worte der Hoffnung*

Wenn es notwendig ist, dass ich mir von jemandem Geld leihe, dann zahle ich meine Schuld in einer angemessenen Frist zurück, ohne dass man mich dazu auffordern muss. Wenn ich die Möglichkeit habe, einem anderen Menschen zu helfen, dann helfe ich.

## *Worte der Liebe*

Ich habe einen großen Schatz geerbt –
die Liebe in meinem Herzen.
Je mehr ich diesen Schatz mit anderen teile,
desto reicher werde ich.

## 50. WOCHE

*Liebe ist das Geschenk, das ich mir selbst und der Welt in dieser Woche mache. Ich öffne mein Herz und teile die heilkräftigste aller Gaben mit meiner Familie und meinen Freunden: Liebe heilt. Lasst uns gemeinsam eine Welt erschaffen, in der wir einander gefahrlos lieben können.*

## *Worte der Hoffnung*

Ich vergleiche mich nicht
mit anderen Menschen, denn das bewirkt
nur, dass ich mich unterlegen fühle.
Stattdessen wende ich mich nach innen
und nehme Verbindung mit dem
»Ewigen Einen« auf, das ich bin
und das wir alle sind.

## *Worte der Liebe*

Ich liebe und schätze alle Teile meines
Körpers. Mein Körper ist ein Tempel,
dem ich während meines ganzen Lebens
meine Achtung und Ehre erweise,
indem ich gut für ihn sorge.

*Jeden Tag verwende ich etwas Zeit darauf, mir unter Einsatz meiner ganzen Kreativität lebhaft vorzustellen, dass wir die ökologischen Wunden der Erde heilen und eine friedliche Welt erschaffen. Ich male mir genau aus, wie ich mir diese positive, frohe Zukunft der Menschheit vorstelle. Diese Zukunft ist möglich. Alles kann gut werden, wenn immer mehr Menschen fest an die Verwirklichung dieser Idee glauben und sich aktiv dafür einsetzen.*

## *Worte der Hoffnung*

Immer wenn ich mich einer schwierigen
Entscheidung gegenübersehe,
finde ich mit Leichtigkeit eine Antwort
und weiß sofort, was zu tun ist.

## *Worte der Liebe*

Ich liebe meinen Nächsten wie mich selbst.
Wenn ich nach diesem Gebot lebe,
entwickeln sich alle Dinge auf
bestmögliche Weise.

## 52. WOCHE

*Weihnachten ist die beste Zeit,
um für die unzähligen Gaben zu danken,
mit denen das Universum uns beschenkt.
Am besten danke ich für all dieses Gute,
indem ich meiner Familie, meinen Freunden
und mir selbst Geschenke der Liebe mache.
Gemeinsam können wir die Freude und den
Frieden des Weihnachtsfestes nutzen,
um einander näher zu kommen, uns besser zu
verstehen und uns gegenseitig Kraft
und Hoffnung zu geben für das künftige
neue Jahr.*

52. WOCHE

## *Worte der Hoffnung*

Wir leben in einer Zeit des Lernens
und der Heilung. Ich bin offen und bereit
für die wunderbaren Veränderungen,
die auf diesem Planeten stattfinden.
Ich bin ein offenes Gefäß für die Liebe.

## *Worte der Liebe*

Ich sehe, wie alle Menschen auf der Erde
ihre Herzen und Sinne öffnen und
gemeinsam an der Erschaffung einer Welt
arbeiten, in der wir einander gefahrlos
lieben können. Und das alles beginnt jetzt,
beginnt bei mir!

## *Von Louise L. Hay sind erschienen:*

### Auf Deutsch:

#### Bücher

*Balance für Körper & Seele*. Ullstein, Berlin 2004
*Das große Buch der wahren Kraft*. Ullstein, Berlin 2004
*Du kannst es!* Ansata, München 2003
*Dankbarkeit erfüllt mein Leben*. Freiburg: Alf Lüchow 1997
*Das große Buch der heilenden Gedanken*. Ullstein, Berlin 2004
*Das Leben lieben. Heilende Gedanken für Körper und Seele*. Ullstein, Berlin 2004
*Die Kraft einer Frau. Der weibliche Weg zur Selbstheilung*. Ullstein, Berlin 2004
*Du bist dein Heiler*. Ullstein, Berlin 2004
*Du selbst bist die Antwort. Botschaften an Ratsuchende.* Ullstein, Berlin 2004
*Ein Garten aus Gedanken*. Freiburg: Alf Lüchow 1996
*Gesundheit für Körper und Seele* (Taschenbuchausgabe) Ullstein, Berlin 2004

*Hay, Louise L., und Freunde, Gute Gedanken für jeden Tag*. Ullstein, Berlin 2005
*Heile Deinen Körper A–Z.* Freiburg: Alf Lüchow 1999
*Heile Deinen Körper. Seelisch-geistige Gründe für körperliche Krankheit.* Freiburg: Alf Lüchow 1998
*Herzensweisheiten.* Freiburg: Alf Lüchow, 1996
*Liebe deinen Körper. Positive Affirmationen für einen gesunden Körper.* Freiburg: Alf Lüchow 1996
*Licht für Körper und Seele.* Ullstein, Berlin 2005
*Meditation für Körper und Seele.* Ullstein, Berlin 2004
*Wahre Kraft kommt von Innen.* Ullstein, Berlin 2004
*Hay, Louise L., und John C. Taylor, Die innere Ruhe finden. Meditation als Weg.* Ullstein, Berlin 2004

**Audiokassetten und CDs**

*Die Kraft einer Frau.* München: Heyne 1999 (CDs und Tonkassetten)
*Gesundheit für Körper und Seele – Das Praxis-Hörbuch.* Augsburg: Axent 1997
*Du bist Dein Heiler! – Affirmationen.* Gesprochen von Louise L. Hay, mit Musik und deutscher Übersetzung, Hamburg: Allegria Hörbuch Hamburg 2005

*Liebe statt Angst – Meditationen.* Gesprochen von Louise L. Hay, mit Musik und deutscher Übersetzung, Hamburg: Allegria Hörbuch Hamburg 2005

## Decks

*Körper und Seele.* Ullstein, Berlin 2004
*Glück und Weisheit.* Ullstein, Berlin 2004
*Jeden Tag gut drauf.* Ullstein, Berlin 2004
*Du bist Dein Heiler! – Karten.* Allegria, Berlin 2005

## Videokassetten

*Ein Treffen mit Louise L. Hay.* Ein Video-Begleitkurs zu ihrem Bestseller »Gesundheit für Körper und Seele«. Freiburg: Alf Lüchow 1997

Für alle Leser, die sich noch eingehender mit Louise L. Hay befassen möchten, folgt eine Liste ihrer in den USA erschienenen Titel:

**Bücher**

*Colors & Numbers*
*Empowering Woman*
*A Garden of Thoughts: My Affirmation Journal*
*Gratitude: A Way of Life* (Louise and Friends)
*Heal Your Body*
*Heal Your Body A–Z*
*Heart Thoughts: A Treasury of Inner Wisdom*
*Letters to Louise*
*Life! Reflections on Your Journey*
*Love Your Body*
*Love Yourself, Heal Your Life.* Workbook
*Loving Thoughts for Increasing Prosperity*
*Loving Thoughts for a Perfect Day*
*Loving Thoughts for Loving Yourself*
*Meditations to Heal Your Life*
*Millenium 2000* (Louise and Friends)
*101 Power Thoughts*
*101 Ways to Happiness*

*101 Ways to Health and Healing*
*The Power is Within You*
*You Can Heal Your Life*
*You Can Heal Your Life* (gift edition)
*Yo Can Do It!*

**Malbücher/Audiokassetten für Kinder**

*Lulu and the Ant: A Message of Love*
*Lulu and the Dark: Conquering Fears*
*Lulu and Willy the Duck: Lerning Mirror Work*

**Audiokassetten**

*Aids: A Positive Approach*
*Cancer: Discovering Your Healing Power*
*Change Your Thoughts, Change Your Life*
(with Michael Toms)
*Elders of Excellence*
*Empowering Woman*
*Feeling Fine Affirmations*
*Gift of the Present* (with Joshua Leeds)
*Heal Your Body* (audio book)

*Life! Reflections on Your Journey* (audio book)
*Love Your Body* (audio book)
*Loving Yourself*
*Meditations for Personal Healing*
*Meditations to Heal Your Life* (audio book)
*Morning and Evening Meditations*
*Overcoming Fears*
*The Power is Within You* (audio book)
*Self Healing*
*Songs of Affirmations* (with Joshua Leeds)
*Tools for Success. What I Believe/Deep Relaxation*
*You Can Heal Your Life* (audio book)
*You Can Heal Your Life.* Study Course

**Conversations on Living Lecture Series**

*Change and Transition*
*Dissolving Barriers*
*The Forgotten Child Within*
*How to Love Yourself*
*The Power of Your Spoken Word*
*Receiving Prosperity*
*Totality of Possibilities*
*Your Thoughts Create Your Life*

**Personal Power Through Imagery Series**

*Anger Releasing*
*Forgiveness/Loving the Inner Child*

**Subliminal Mastery Series**

*Feeling Fine Affirmations*
*Love Your Body Affirmations*
*Safe Driving Affirmations*
*Self-Esteem Affirmations*
*Self-Healing Affirmations*
*Stress-Free Affirmations*

**CDs**

*Self-Healing*
*Forgiveness/Loving the Inner Child*
*& Anger Releasing*
*Meditations for Personal Healing/Overcoming Fears*
*Self-Esteem Affirmations*

## Videokassetten

*Dissolving Barriers*
*Doors Opening: A Positive Approach to Aids*
*Receiving Prosperity*
*You Can Heal Your Life.* Study Course
*Your Thoughts Create Your Life*